U0112546

闽人智慧

宁德卷

言之有理

中共福建省委宣传部
中共福建省委讲师团 编

海峡出版发行集团
福建人民出版社

"闽人智慧：言之有理"丛书编委会

主　　　任：张　彦

常务副主任：许守尧

副　主　任：陈辉宗　刘伟泽　谢勤亮　吕宏波

编　　　委：卢莉莉　陈　铭　沈锐生　郑第腾飞

审 订 专 家：陈泽平

目录

信念篇

主要收录有关理想、信念、立志、自强的民谚、俗语。

扫码听音

你井深，
我索长

【注释】 索：绳索。旧时深水井打水，用绳索系一小水桶，甩绳使力至末端，使小桶在水面附近翻转或侧转而舀水。

【句意】 井深，绳更长。

【运用】 用于表述昂扬的气势、必胜的信念——你强，我更强；同时也表达一种"办法总比困难多"的信念。

宁德方言主要流行于宁德市及其周边地区，福安方言主要流行于福安市及其周边地区，闽东畲话主要流行于闽东的畲族人群，古田方言主要流行于古田县及其周边地区。

宁德方言

老猪母唔惊瘟

扫码听音

【注释】　老猪母：老母猪；唔：不会；惊：怕。

【句意】　老母猪不怕猪瘟（因为老母猪可能已获得对猪瘟的免疫）。

【运用】　用于比喻经历丰富了，抗击打能力就强了；也可用于表述无所畏惧，为了某一目标豁出去了。

宁德方言

扫码听音

碗柿垫桌脚

【注释】　柿：碎片。

【句意】　小小的碎碗片，还可以拿来垫桌脚。

【运用】　用于表述即使微小，也能发挥作用。

宁德方言

霜打苎秆
——心獪死

扫码听音

【注释】 苎：多年生草本植物，茎皮含纤维质很多，是纺织工业的重要原料；獪：不会。

【句意】 苎秆冬天受霜冻外表枯黄，但内心仍保有活性，来年还会焕发生机。

【运用】 以物喻人，用以表述虽历经磨难，仍然矢志不渝。

福安方言

扫码听音

蛇偌大，
洞也务偌大

【注释】　偌：多少；洞：蛇洞；务：有。

【句意】　蛇有多大，蛇洞就有多大。

【运用】　用于表述心有多大，平台就有多大。也有"家业大消耗也大"之意。

福安方言

惊汤无胆做酒瓶,
惊火无胆做茶瓶

扫码听音

【注释】　惊汤：怕烫；酒瓶：烫酒壶；惊火：怕
火烧；茶瓶：烧开水的壶。

【句意】　如果你怕开水烫，就不要去当烫酒的壶；
如果你怕火烧，就不要去当烧开水的壶。

【运用】　用于表述既然敢做就要敢承担所有的
后果。

闽东畲话

扫码听音

脚踏别人地，
有食也无味

【注释】　食：食物。

【句意】　寄人篱下，就算有吃有喝，也食之无味。

【运用】　用于表述要自立、自强。

古田方言

一蔸草，
一滴露

扫码听音

【注释】　一蔸：一棵，一株；露：露水。

【句意】　每棵草都能沾到雨露。

【运用】　即使如草一般渺小，也能受到露珠的润泽。用于比喻天无绝人之路，人活着，总能挣得一口饭。

古田方言

扫码听音

做匏瓢不怕汤烫

【注释】 匏：匏瓜，对半剖开可做水瓢。

【句意】 做水瓢就不要怕开水烫。

【运用】 用于比喻既然决定了做某件事，就不要怕遭受挫折。

莫做七条线人团

扫码听音

【注释】　莫：不要；七条线：傀儡戏（木偶戏）中，傀儡由七根牵引线操纵控制；人团：指人形小木偶。

【句意】　不要做傀儡，受别人操纵。

【运用】　用于表述为人处世要有自己的主见，坚定立场而不受他人左右。

主要收录有关方向、立场、站位的民谚、俗语。

扫码听音

腐渣泡水侪齐散

【注释】　腐渣：豆腐渣；侪齐：大家一齐。

【句意】　豆腐渣泡水，一下子全都松散开来。

【运用】　用于表述团体如果没有凝聚力，稍遇困难、阻力就分崩离析。

宁德方言

富时馍馍有骨，
穷时大麦无皮

扫码听音

【注释】　馍馍：馒头。

【句意】　富的时候吃馒头都能吃出骨头来，穷的
时候连大麦皮都吃掉了。

【运用】　用于形容人在不同的境遇、不同的立场
下看待事物的感觉是不同的。

福安方言

扫码听音

嘴舌无骨板楞转

【注释】 嘴舌：舌头；板楞转：这边转、那边转。

【句意】 舌头没骨头，软软的好转动。

【运用】 用于讽刺立场不坚定，讲两边话。

福安方言

人会变，
骰子会蹸

扫码听音

【注释】　蹸：滚动。

【句意】　人会变化，骰子会滚动。

【运用】　用于表述一个人的主张现在是这样子，
　　　　　但是随着立场的变化，今后可能又变成
　　　　　另一个样子。

福安方言

扫码听音

天塌齐人扁

【注释】 齐人：大家；扁：被压扁。

【句意】 天塌下来，所有人都被压扁。比喻在大
灾难来临时，大家都要倒霉，覆巢之下
无完卵。

【运用】 用于表述在同一个团体中大家利害与共，
一荣俱荣、一损俱损。

闽东畲话

天塌齐人顶

扫码听音

【注释】 齐人：大家。

【句意】 天塌了要靠众人顶。

【运用】 用于表述要齐心协力才能战胜共同的困难。

古田方言

扫码听音

掏人饭碗服人管

【注释】　掏：端；人：此处指雇佣者；管：管理，
约束。

【句意】　端人家的饭碗，就得服从人家的管理。

【运用】　用于表述在一个集体中，要遵守集体的
规章制度。用法近"食人之禄，忠人之事"。

古田方言

桶无箍着散，
家无主会乱

扫码听音

【注释】　箍：桶箍；着：要；主：指主心骨。

【句意】　木桶无桶箍就会散，家中没有人做主就
　　　　　会乱。

【运用】　用于比喻一个集体要有制度制约，领导
　　　　　要发挥核心作用。

古田方言

扫码听音

瞑头肖鸡，
瞑尾肖鸭

【注释】 瞑头：上半夜；肖：属相；瞑尾：下半夜。

【句意】 上半夜说属鸡，下半夜说属鸭。

【运用】 用于讽喻思维变幻无常，一会儿一个主意。

古田方言

掌指抦裡无抦出

扫码听音

【注释】　掌指：手指；抦：抓，握；裡：向内；
　　　　　抦裡：手指向掌心方向抓握。

【句意】　手指只能向内弯曲，而不能向外弯曲，
　　　　　强行向外弯则疼痛难忍。

【运用】　用于表达要坚定自己的立场。

古田方言

扫码听音

上坵有水，
下坵会润

【注释】　坵：水田；润：湿润。

【句意】　水往低处流，山区梯田灌溉从高处的田
　　　　　开始，所以地势高的水田有水，地势低
　　　　　的水田也会湿润。

【运用】　此谚有多种用法，有祖上积德，福荫后
　　　　　人之意；有前人种树，后人乘凉之意；
　　　　　也有唇齿相依之意。

黄瓜鱼挂门搭

扫码听音

【注释】　门搭：门把。

【句意】　把黄瓜鱼挂在门把上。出自典故：宁德三都澳官井洋为黄瓜鱼重要产地。旧时鱼汛期产量很高，鱼多贱卖，鱼贩便用稻秆将鱼三两条穿成一提，挂在邻里的门把上，给不给钱随意。

【运用】　用于表述物产丰富，民风淳朴。

主要收录有关民本、人本思想理念的民谚、俗语。

扫码听音

安仁和尚祭暖雪

【注释】　安仁：安仁寺，今存于宁德市蕉城区；
暖雪：雪不冻人。

【句意】　相传旧时安仁寺香火旺盛，寺庙和尚生
活富裕，冬天有炭火取暖，棉被也多，
不觉得冷。有一日清晨，和尚打开山门
看到屋外一片雪白，就感慨地说："昨
天晚上下暖雪了。"

【运用】　形容养尊处优的人不会了解百姓的冷暖
疾苦。

宁德方言

乾隆换嘉庆，
钵囝做饭甑；
嘉庆换道光，
钵囝做碗缸

扫码听音

【注释】　钵囝：小钵头。饭甑：一种用来蒸米饭的小木桶。

【句意】　乾隆朝换成嘉庆朝，小陶盆代替了蒸米饭的小木桶；嘉庆朝换成道光朝，小陶盆被当成大饭碗用。乾隆在位60年，国力强盛；嘉庆在位25年，多丰收；道光在位30年，多荒歉。本谚有一代不如一代之意。

【运用】　本谚用很朴素的史实说明了国运的兴衰变化对民生的影响。

扫码听音

腹饱不如心宽

【注释】　腹饱：填饱肚子。

【句意】　吃得饱，不如心里没事愁。

【运用】　用于表述有钱还不如无忧无虑快乐。

福安方言

唐摸桸，
诸娘篓

扫码听音

【注释】 唐摸：男人，丈夫；桸：本指水瓢，这里
指以竹条或铁条支撑的捕鱼小网；诸娘：
已婚妇人，此处指老婆；篓：闽东方言里
指一种便于挎在肩上的竹篾小扁篓。

【句意】 男人好比捕鱼的桸，不断收获；女人好比
盛放鱼虾的篓，不断积聚收获物品。

【运用】 用于表述只有各尽所能，互相配合，才
能发家致富。

闽东畲话

扫码听音

穷人无病就是富，
富人无病就是仙

【句意】　穷人如果身体健康，就相当于富有了（疾病可能导致赤贫）；富人如果身体健康，过的就是神仙一般的日子。

【运用】　用于表述健康是最大的财富，是幸福生活最重要的指标。

古田方言

金厝边，
银乡里

扫码听音

【注释】　厝边：邻居。

【句意】　邻居就像金子一样珍贵，乡里就像银子
　　　　　一样珍贵。

【运用】　用于表述远亲不如近邻。

古田方言

扫码听音

古田三件宝：
棕蓑、火笼共姜母

【注释】　棕蓑：蓑衣；火笼：冬天取暖的用具，中间的瓦盆盛炭火，外围用竹篾编织成篮状；共：和；姜母：生姜。

【句意】　古田有三件宝：蓑衣、火笼和生姜。因为古田多雨，农民需要穿上蓑衣在地里劳作；冬季寒冷，人人抱着火笼取暖；受凉了，则喝一碗红糖姜汤驱寒暖胃。

【运用】　用于描述古田农人的生活状态。

古田方言

乾隆换嘉庆，
钵团做饭甑

扫码听音

【注释】 钵团：小钵头；饭甑：一种用来蒸米饭的小木桶。

【句意】 乾隆朝换成嘉庆朝，小陶盆代替了蒸米饭的小木桶。意指朝代衰落，民生多艰。

【运用】 本谚用很朴素的史实说明了国运的兴衰变化对民生的影响。

古田方言

扫码听音

塍塗讲道理，
遘焦就爬起

【注释】　塍塗：水田里的泥土；遘：到（……的情况下）；焦：枯干，脱水；爬起：泥土水分大量蒸发后龟裂、翻翘起来。

【句意】　水田里的泥土本来好好的，但缺少水分就会干裂翻翘起来。

【运用】　用于表达要着力解决好人民群众急难愁盼问题。

古田方言

天惊秋来早,
人惊老来穷

扫码听音

【注释】 惊：担心，害怕。

【句意】 农作怕秋天来得早（如果秋季提前到来，农作物就可能不够成熟，从而影响收成）；人怕老了受穷，老无所养。

【运用】 可用于阐释社会保障的重要意义。也劝告大家要趁年轻多些积累，给晚年多些保障。

扫码听音

容鸡上灶，
容囝不孝

【注释】　容：纵容，溺爱；上灶：爬上灶台；囝：孩子。

【句意】　纵容鸡，鸡会爬上灶台，溺爱孩子只会养出不孝子。

【运用】　用于劝告人们对孩子不可溺爱。

宁德方言

穷人莫断猪，
穷囝莫断书

扫码听音

【注释】 断：停止；穷囝：穷人的孩子。

【句意】 穷人不可断了养猪（旧时猪是农村家庭的主要经济来源），贫寒子弟不可不读书。

【运用】 用于表述要重视读书，知识改变命运。

宁德方言

扫码听音

曲柴曲势使

【注释】　曲：弯曲；柴：木材；势：长势，形状；
　　　　　使：使用。

【句意】　弯曲的木材要依照其弯曲的形状来使用。

【运用】　用于表述因材施教的教育理念，也表述
　　　　　要擅于根据个人的特点来用人。

福安方言

严先生，
好弟子

扫码听音

【注释】　严先生：严格要求学生的老师。

【句意】　只有严格要求学生的老师，才能培养出成才的学生。

【运用】　用于表述严格要求是为师的职责。意同"严师出高徒"。

福安方言

扫码听音

百艺通，
无米舂

【注释】　舂：在石臼里捣去谷壳。

【句意】　各种手艺都通晓，却没有稻谷可供舂米。

【运用】　用于表述学习贵在专与精，而不在多。

福安方言

务状元弟子，
无状元先生

扫码听音

【注释】 务：有。

【句意】 有将来可能中状元的学生，却没有中了
状元来坐馆的先生（因为状元多被朝廷
安排任京官，自然不可能去坐馆当塾师）。

【运用】 用于表述师不必贤于弟子，弟子未必不
如师。

福安方言

扫码听音

剃刀嬒上两，
手艺学三年

【注释】　嬒：没有。

【句意】　剃刀没有一两重，可剃头这手艺得学三
年才能出师。

【运用】　用于表述易学难精。

福安方言

会着靶不惊无鼓响

扫码听音

【注释】 着：命中，打中；鼓响：旧时考武举设有射箭、打靶等科目，射中靶环，则以击鼓宣告。

【句意】 只要你能够射中靶环，就不用担心比武场没有鼓声。

【运用】 用于表述只要做出成绩，就不怕无人知晓。

古田方言

扫码听音

做别人事，学自家艺

【注释】　自家：自己；艺；手艺。

【句意】　帮别人做事，学到的本领是自己的。

【运用】　旧时学徒多没工钱，但干活并非一无所得，至少从中学到了手艺。本谚语用于鼓励年轻人要勤快做事，不计得失。

古田方言

郎罢会，
娘奶会，
不如自家会

扫码听音

【注释】　郎罢：父亲；娘奶：母亲。

【句意】　父亲会、母亲会都不如自己会。

【运用】　用于表述父母终有老去的一天，自己掌握生存的本领才是最重要的。

古田方言

扫码听音

关门教书，
罔教罔猪

【注释】 罔……罔……：越……越……；猪：此处为"愚蠢"之义。

【句意】 关起门来教书，越教越蠢。

【运用】 这条谚语反映了百姓很朴素的教育观念，说明了知行合一的道理，理论要与实践相结合。

为善篇

上更想自家，
下更想别人

扫码听音

【注释】　上更：指上半夜；自家：自己；下更：
　　　　　下半夜。

【句意】　上半夜想自己，下半夜要想别人。

【运用】　用于表述遇事不能只考虑自己的利益，
　　　　　也要替别人着想。

扫码听音

人情好咿所，
清水吃会肥

【注释】　人情：人情世故，情谊；咿：的；所：多。

【句意】　人情世故好，喝清水也会胖。

【运用】　用于表述情义无价。

宁德方言

心好好咿是，
心歹歹自己

扫码听音

【注释】　心好：心地善良；咿：的；是：对，正确；
　　　　　心歹：坏心肠。

【句意】　心地善良是对的，坏心肠会害了自己。

【运用】　用于表述要与人为善，以己及人。

扫码听音

偷吃獪肥，
做贼獪富

【注释】　獪：不会。

【句意】　靠偷吃不会强壮，靠做贼不会富有。

【运用】　用于表达要自力更生，走正道才能成功。

福安方言

人跍厝里，
名声跍墿中

扫码听音

【注释】　跍：躲在；墿：路。

【句意】　人在家里，其名声却在传播的途中。

【运用】　用于表述一个人名声的好坏，会随路人
　　　　　远播，提醒人们注意自己的言行。

福安方言

扫码听音

四邻佮得好，
遇事无烦恼

【注释】　佮：相处，合作。

【句意】　跟左邻右舍相处得很和谐，遇到疑难之事（有人帮助），就不会烦恼。

【运用】　用于表述与他人和谐相处十分重要。

福安方言

学好千日不足，
学懜半日有余

扫码听音

【注释】　懜：坏。

【句意】　一个人要学好，一千天尚嫌不够；可要学坏，不出半天就够了。

【运用】　用于表述为善向好不易，难的是长期坚持。意同"从善如登，从恶如崩"。

辩证篇

主要收录有关实事求是、矛盾论等哲学思想的民谚、俗语。

扫码听音

指头伸出有长短

【注释】　长短：长短差异。

【句意】　十个手指头伸出总有长短差异。

【运用】　用于表述人和事物不可能都一样，不能只套用一个标准。

宁德方言

锦被罩鸡笼

扫码听音

【注释】 锦被：喻指华丽、漂亮的被子。

【句意】 锦被遮罩的鸡笼，外面好看，里头却臭气熏人。

【运用】 用于强调要透过现象，把握事物的本质。意同"金玉其外，败絮其中"。

扫码听音

空麻袋，
徛赡直

【注释】　徛：站立；徛赡直：站不直，立不住。

【句意】　空麻袋是立不住的。

【运用】　喻指没本事的人，怎么扶持也没用。用于表达内因起决定性作用。也可用于表达有内涵的人才能站直行稳。

宁德方言

无牛不知牛脚痕

扫码听音

【注释】 牛脚痕：牛留下的足迹。

【句意】 没有养过或见过牛就无法辨认牛的足迹。

【运用】 用于表述全局决定局部，没有对全局的认识，就无法认清细节。

福安方言

扫码听音

十把刀总务一把利

【注释】　务：有。

【句意】　十把刀里总会有一把锋利的。

【运用】　用于表述事物既有一般性也有各自的特
殊性，要善于从一般性中找到特殊性并
加以利用。

福安方言

无好未详獶

扫码听音

【注释】　详：知道，明白；獶：坏。

【句意】　没有好就不懂得坏。

【运用】　用于表述任何事物都是相比较而存在的。

福安方言

扫码听音

大树也惊软藤缠

【注释】 惊：怕。

【句意】 大树也怕柔软的长藤缠绕。

【运用】 用于表述小事物也有可能制约大事物的发展。

福安方言

巴豆救人无功，
人参害人无过

扫码听音

【注释】　巴豆：可致泻的一味中药。

【句意】　巴豆有毒性，医生用它治好病人，人们未必会记住它的功劳；人参是补药，人们服用人参不当造成不良后果，却未必怪罪人参。

【运用】　用于表述人们评判是非功过不能停留在表面，应当针对具体实际。

福安方言

扫码听音

贫无籽，富无核；
贫会富，富会沰

【注释】 籽：蔬菜种子；核：水果种子；沰：衰落。

【句意】 贫富并非像种子那样一代传一代；贫穷的人可能会变富有，而富有的人也可能走向衰落。

【运用】 用于表述贫富不会一成不变，在一定条件下是可以互相转化的。意近"富贵本无种，男儿当自强"。

闽东畲话

无风燴起浪，
泼水燴敆壁

扫码听音

【注释】　燴：不会；敆：粘住。

【句意】　没有刮风水上是不会起浪的，水泼到墙壁上是粘不住的。

【运用】　用于表述不能孤立地看待某一现象，要分析前因后果。

闽东畲话

扫码听音

日头落山难转午，
水流东海难转头

【注释】　日头：太阳。

【句意】　太阳下山不会回转到当空，江河奔流到
　　　　　东海不会倒流。

【运用】　用于表述客观规律是不以人的意志为转
　　　　　移的。

古田方言

破伞强大笠

扫码听音

【注释】　强：比……强；大笠：大的斗笠。

【句意】　雨伞再破也强过大斗笠。

【运用】　用于比喻好东西即使破旧，还是有用处。
　　　　　意近"瘦死的骆驼比马大"。

方略篇

主要收录表达按客观规律办事、有技巧地办事等科学工作方法的民谚、俗语。

扫码听音

目睭趁饭给嘴吃

【注释】　目睭：眼睛；趁饭：赚饭。

【句意】　眼睛赚饭给嘴吃。

【运用】　喻指办事要审时度势，懂得见机行事，才更有可能取得成功。

宁德方言

横柴你莫扳，
直柴你莫拗

扫码听音

【注释】 横柴：横着长的树枝；直柴：直立生长的树枝；拗：折弯。

【句意】 横着的树枝你不要往下拉，直立的枝丫你不要去折弯。

【运用】 用于表述事物都有自身的规律，不要强行去改变，要顺其自然。

宁德方言

扫码听音

甘蔗取中节

【注释】　取：截取；中：当中。

【句意】　甘蔗要截取中间部分，又甜又脆。

【运用】　用于表述要抓住重点，解决主要矛盾。

宁德方言

帮膴人掏伞，
莫帮愚人做军师

扫码听音

【注释】　膴：聪明；掏伞：撑伞，拿伞。

【句意】　宁可帮聪明人撑伞，也不要帮愚蠢的人
出点子。

【运用】　用于表述多与聪明人来往。在事业发展
的道路上，合作的人至关重要，能力低
的成员会拉低整个团队成功的可能性。

福安方言

扫码听音

斧头揾凿，
凿揾柴

【注释】　揾：敲；凿：小凿子；柴：木材。

【句意】　干传统木工活时，往往以斧头击打小凿子，再作用到木材上。

【运用】　用于表述从上至下按顺序办理或层层传导压力，逐级盯办某事。

福安方言

一隻吹鼓手，
一隻捏鋬

扫码听音

【注释】　一隻：一个；鼓手：唢呐；鋬：孔，窟窿。

【句意】　一个人吹唢呐，还要另一个人按发音孔。

【运用】　用于讽喻不必要的分工，反而影响效率。

福安方言

扫码听音

牛跦栏下不羍鼻，放山去拖尾

【注释】 跦：躲在；羍鼻：穿牛鼻。

【句意】 牛在牛栏时不去穿牛鼻绳，却在它上山后，去拖牛尾巴牵牛。

【运用】 用于表述一开始就要抓好关键是成功的保证。

福安方言

见千见万，
未见匏头筅鉴

扫码听音

【注释】　匏：匏瓜；筅鉴：给器物安装提手的绳索或藤篾。

【句意】　见过的东西千千万，从没见过往匏瓢上面加装提绳。

【运用】　用于表述创新也应恰到好处，符合客观需要，过分出格的创意往往令人感到奇怪。

古田方言

食不穷，
颂不穷，
当家不好一世穷

【注释】 颂：穿；一世：一辈子。

【句意】 吃不会吃穷，穿不会穿穷，当家不好却会一生贫穷。

【运用】 用于表述无论是做事，还是生活，制定好计划至关重要，方向性的错误是需要下大力气来补救的。

古田方言

挑柴共你哈哈，
挑薔不共你哈哈

扫码听音

【注释】　共：和；哈哈：闲扯；薔：杨梅。

【句意】　挑柴的时候可与人闲聊，挑杨梅时闲聊则会边聊边吃杨梅。

【运用】　喻指要分清场合，关键时候不马虎。

古田方言

扫码听音

呼鸡也着一把米

【注释】　着：要。

【句意】　唤鸡也要撒一把米，想要别人帮忙也要有所付出。

【运用】　用于比喻想做事就要有所付出。

古田方言

担强驮，
割芒总强扒松毛

扫码听音

【注释】　担：挑担子；强：比……强；驮：背；芒：
蕨类草，晒干后可用作柴火；扒松毛：
用钉耙把落在地上的干松针扒到一堆。

【句意】　用肩挑担子比用背驮东西轻松，割芒草
比耙松针收获大。

【运用】　用于比喻做事要懂得权衡轻重利弊，做
出最好的选择。

古田方言

扫码听音

事到理上留三分，
话到喙边留半句

【注释】　喙：嘴巴。

【句意】　做事情有道理也要留三分余地，讲话到嘴边也要留半句。

【运用】　用于劝诫世人为人处世要有分寸，说话要留有余地。

古田方言

牵牛着牵牛鼻，
拦羊着拦带头羊

扫码听音

【注释】　着：要；拦羊：赶羊。

【句意】　牵牛要牵牛鼻子，赶羊要赶领头羊。

【运用】　用于比喻做事要抓住关键，用劲要用在
要害处，才能事半功倍。

扫码听音

初八二十三，
下涂当担担

【注释】　初八二十三：农历每月的初八和二十三；下涂：讨小海；担担：挑担子。

【句意】　农历每月初八、二十三，白天退潮后，海水水位降到最低点，赶海能大有所获，要用担子挑回家。

【运用】　用于表述物产丰富，一方水土养一方人。

福安方言

春天不戴笠，
干你脚筋直

扫码听音

【注释】 笠：斗笠；干：强，要；脚筋直：指劳累、疲倦。

【句意】 春天不戴斗笠，一下雨就往家跑，那就会把你脚筋跑直。

【运用】 用于表述春季晴雨无常；也可用于说明人类活动要应对天时。

福安方言

扫码听音

山岗栽松，
山湾栽竹

【注释】　山湾：山谷低洼地带。

【句意】　山岗阳光充足，因而适合栽种松树；山洼低陷潮湿，因而适合种植竹子。

【运用】　表述植物只有在适宜自身特点的生态环境中才可以茁壮地生长，喻指做事要因地制宜。

福安方言

三年树嫩人养树，十年成林树养人

扫码听音

【注释】　嫩：初生而柔弱。

【句意】　才栽种的小树比较娇嫩，需要人们的养护；它们长大后变成树林，为人类提供滋养。

【运用】　用于表述人类要尽力保护生态环境，而良好的生态环境又会促进人类的发展。可喻指在事物开端应给予扶持，经过发展壮大，会获得好的回报。

福安方言

扫码听音

清明栽姜，谷雨驮枪

【注释】　驮：凸起；驮枪：比喻刚露出地面的姜芽。

【句意】　清明的时候栽种生姜，到谷雨的时候，生姜的嫩芽就能破土而出了。

【运用】　这句农谚说明了生姜的种植时节，也可指农事活动要根据时节更替来做好安排。

福安方言

水溜三年成崩垅

扫码听音

【注释】　溜：水口；崩垅：山坑。

【句意】　水口处漏下的水，时间长了，也会将地下滴出一个大水坑。

【运用】　用于表达必须增强保护生态环境的意识。也可用于表达祸患常积于微小的疏漏，必须防患于未然。

福安方言

扫码听音

衰田大泥鳅

【注释】 衰田：贫瘠的水田。

【句意】 贫瘠的水田偏偏生长肥大的泥鳅。

【运用】 用于表述不同的生物适应不同的生态环境，保护好生态的多样性才能保护生物的多样性。

闽东畲话

养山养田，
地唔欺人

扫码听音

【注释】　唔：不会。

【句意】　注重保养山林田地，田地的出产就不会
　　　　　辜负人的投入。

【运用】　用于表述要注重山林田地的保护，才能有
　　　　　好的产出，人与自然是命运共同体。

古田方言

扫码听音

雷拍秋，
解解啾

【注释】　雷拍秋：秋天打雷；解解啾：人号叫的
样子。

【句意】　秋天打雷，人们就会哀叹。秋天如果打
雷下雨，稻子就易霉烂在稻田中，这是
农民最担心害怕的事情。

【运用】　用于阐释自然环境对人类生产生活会产
生较大的影响。

古田方言

食靠塗，
用靠塗，
死去还乞塗

扫码听音

【注释】　塗：泥土；用：指使用的东西；乞：给。

【句意】　人类吃的食物是土地里种出来的，生活中的器用也多从土地中获取原料，人死后还会归于土地。

【运用】　用于表述人与土地的密切关系。

扫码听音

未食三天菜，
心忖上西天

【注释】 未食：没吃；菜：素食；忖：想。

【句意】 素食吃了不到三天，心里就想着上西天成佛。

【运用】 用于讽喻没有唾手可得的东西，诸事要经历磨炼，才能成功。

宁德方言

弹琴吹箫，
田园无收

扫码听音

【注释】 弹琴吹箫：旧时认为整天弹琴吹箫的人不务正业。

【句意】 只会弹琴吹箫不去耕作，田园就不会有收成。

【运用】 用于表述勤有功，嬉无益。

宁德方言

扫码听音

人勤地生宝，
人惰地生草

【注释】　宝：此处指粮食；惰：懒惰。

【句意】　人勤快地里长宝，人懒惰地里长草。

【运用】　用于表述一分耕耘，一分收获。

宁德方言

三十暝晡学拳头，初一早使

扫码听音

【注释】 暝晡：晚上；拳头：民间拳术；使：使用，
应用。

【句意】 三十晚上学拳术，初一早上就使用。

【运用】 用于讽刺临时抱佛脚。

福安方言

扫码听音

春天一锄头,
冬天一钵头

【句意】　春天肯到田地多挖一锄头,到冬天就能
多储备一钵头粮食。

【运用】　用于表述要想有所收获,就必须付出艰辛
的劳动。意同"一分耕耘,一分收获"。

福安方言

暝晡忖去州去府，
日中跨厝扒脚肚

扫码听音

【注释】 暝晡：晚上；忖：想；跨：躲在；扒：搔；
脚肚：小腿肚。

【句意】 晚上想着要去州去府做官，白天却躲在
家里搔小腿肚。

【运用】 用于讽喻只有空想而没有实际行动的人，
必将一事无成。

福安方言

扫码听音

土地没冤仇，
肯做都务收

【注释】 务：有。

【句意】 土地与人没有冤仇，只要肯劳动，都会
有收获。

【运用】 用于表述天道酬勤，有耕耘就会有收获。

福安方言

靠兄弟姐妹，
不如靠手掌手背

扫码听音

【注释】　手掌手背：指双手。

【句意】　依靠兄弟姐妹，不如依靠自己的双手。

【运用】　用于表述要自力更生，辛勤劳动，才能
　　　　　发家致富。

福安方言

扫码听音

拍的煞成教师，告的煞成状师

【注释】　拍：打；煞：多；教师：拳师；状师：律师。

【句意】　经常打架的人，可以当拳师；经常告状的人，可以当律师。

【运用】　用于形容实践出真知。意近"久病成医"。

福安方言

手艺随身宝，
肯做食艙倒

扫码听音

【注释】 艙：不会；倒：完。

【句意】 手艺就像是随身携带的宝贝，只要肯做，
就能致富，有吃不完的食物。

【运用】 用于表述本领和勤劳是创造财富的两大
法宝。

福安方言

扫码听音

橄榄好食核难吞，
幰布好颂幰难捻

【注释】　幰：苎麻丝；颂：穿；捻：用手指搓。

【句意】　橄榄好吃但橄榄核难以吞咽，苎麻丝捻织成的布衣穿起来舒服，可捻苎麻丝很是不易。

【运用】　用于表述任何成果皆要付出艰辛的劳动。

福安方言

命中带八败，
肯做都蛮待

扫码听音

【注释】 命中带八败：形容命运不好；肯做：勤劳；
蛮待：不碍事。

【句意】 即使命中带"败"运，只要肯努力，都
会有作为。

【运用】 用于表述勤能补拙，只要努力，再不好
的境遇也能得到改善。此谚语蕴含着百
姓不迷信命运的朴素思想。

笃行篇

古田方言

扫码听音

寒死闲人，饿死定虫

【注释】　寒死：冻死；定虫：懒虫，懒惰的人。

【句意】　待着不动的人会受冻，懒惰的人会饿死。

【运用】　用于劝告人们要勤劳，不要懒惰。

古田方言

做塍无功夫，
只要脚手粗

扫码听音

【注释】　做塍：种田，指务农；粗：粗壮，此处
　　　　　引申为"勤快"。

【句意】　种田没有很高的技术，只要手脚勤快。

【运用】　用于表述干农活没有技术难度，重要的
　　　　　是手脚勤快。

古田方言

扫码听音

空想一百年，
獪值半文钱

【注释】　獪：不。

【句意】　空想一百年，不值半文钱。

【运用】　用于表述空想无益，实干才有收获。

古田方言

命带十八败，
肯做都无碍

扫码听音

【注释】 十八败：很多坏运气；无碍：没事。

【句意】 即使命里有很多的坏运气，只要勤努力，
就能平安无事。

【运用】 用于表述即使命运多舛，只要努力，就
能改变命运。

廉洁篇

主要收录表达廉洁从政重要性的民谚、俗语。

扫码听音

养鼠咬布袋

【注释】　布袋：用棉布制作的袋子。

【句意】　饲养老鼠，老鼠会咬破布袋。

【运用】　用于比喻姑息养奸最终会破坏整个制度环境。

宁德方言

食人一瓯茶，
心肝乱麻麻

扫码听音

【注释】　一瓯：一小杯；心肝：心里。

【句意】　喝别人一小杯茶，心里就会惦记不安。

【运用】　用于劝告人们不要收受好处，不讲原则。
意同"吃人的嘴短"。

宁德方言

扫码听音

一粒蚶，
两爿壳

【注释】　蚶：泥蚶；爿：呈片状。

【句意】　一粒泥蚶，两片壳。

【运用】　用于比喻要一清二白，两袖清风。

福安方言

官清何论奶奶
粉抹価少

扫码听音

【注释】　奶奶：旧时福安民间对知县夫人的俗称；
　　　　　価：多。

【句意】　为官美名来自清廉，而不是太太漂亮。

【运用】　用于表述为官清廉，自有百姓赞美。

福安方言

扫码听音

包爷乌文才好，
弹涂乌羹汤好

【注释】　包爷：即包拯；乌：皮肤黑；弹涂：一
　　　　　种生活于沿海滩涂的鱼。

【句意】　包拯长得黑，但有才干；弹涂鱼黑，但
　　　　　滋味鲜美。

【运用】　用于表述评判一个人的主要标准，不是
　　　　　看他的外表，而是要看他的本质。

福安方言

做官要学包公，
做将要学狄青

扫码听音

【注释】 狄青：北宋时期名将。

【句意】 当文官要学包拯一心为民、大公无私；做武将要像狄青一样武艺超群，保家卫国。

【运用】 用于表述只有用高标准来严格要求自己，才能成为一名受老百姓欢迎的好官。

扫码听音

福安方言

宁愿到厝凿岩，
不做宁都知县

【注释】 凿岩：挖梯田；宁都：指宁都县，隶属江西省赣州市。

【句意】 宁愿回乡开荒种地，也不愿做宁都的知县。福安穆阳人缪一凤担任宁都知县，他是个心系百姓的好官。嘉靖皇帝听信道士的话，炼丹制蜡丸以求长生不老，府台要向宁都百姓横加征收蜂蜡，缪一凤对此不满，辞官而去。老百姓立碑纪念他。

【运用】 用于表达执政为民的志向。意同"当官不为民做主，不如回家卖红薯"。

福安方言

薯公做知县

扫码听音

【注释】　薯公：指永康监生陈泗。嘉靖间任福安知县，他"摘奸锄强"，每餐只吃一碗红薯，人呼为薯公。

【句意】　每餐只吃一碗红薯的薯公当知县。

【运用】　用于表述老百姓爱戴清廉节俭的官员。

福安方言

扫码听音

祖讲食福安一嘴水

【注释】　祖讲：总共。

【句意】　总共才饮了福安的一口清水。相传陈松由建阳县丞署福安县事，廉洁自持，尝曰："我只饮福安一口水耳。"

【运用】　用于表述要自觉抵制贪污腐败，才能造福一方百姓。

福安方言

衣食谁与，
县丞赵公

扫码听音

【注释】 明成化五年，福安遭大灾，县丞赵琏积极开仓赈灾，百姓至今传颂："有桑足我蚕，有田足我农，衣食谁与我？县丞赵相公。"

【句意】 是谁送给我们衣服和粮食？是那赵琏县丞。

【运用】 用于表达为政者要体察民情，主动帮助百姓解决困难。

古田方言

扫码听音

病哑树兜压

【注释】　病哑：哑巴；树兜：砍伐下的粗树干。

【句意】　哑巴被树干压在下面。

【运用】　用于比喻吃了哑巴亏，有苦说不出。意同"哑巴吃黄连，有苦说不出"。

古田方言

偷食无瞒嘴齿，
做贼无瞒乡里

扫码听音

【注释】　偷食：偷吃；无瞒：欺骗不了；嘴齿：
　　　　　牙齿；乡里：同村人。

【句意】　偷吃隐瞒不了嘴巴，做贼隐瞒不了同村人。

【运用】　用于表述没有不透风的墙，做了坏事总
　　　　　会被人知道的。

古田方言

扫码听音

鸡卵再密，
也会孵出鸡囝

【注释】　鸡卵：鸡蛋；鸡囝：小鸡。

【句意】　鸡蛋再致密也会孵出小鸡。

【运用】　用于比喻没有不透风的墙，暗中行事，
再怎么捂，终究会被人知道。

后　记

　　谚语是广大人民群众在漫长的生产生活中不断总结和凝炼的语言。其俗在于"通"，因为由经验而来，说的是身边事物，借喻来自日常，所以有情趣、通人情，因而更能让人会心；其雅在于"理"，因为要表达更加普遍的意义和推广更加核心的价值，所以借以传道、论道、说道，因而引人入胜，发人深省。人民群众就是这样在日常交谈、交往中传递着对真、善、美的理解与追求。中华文化精神和社会核心价值观就是依托这样的载体，为人民群众日用不绝，甚至不觉。

　　福建地处我国东南，在长期的历史演进中，区域文化形成的生活经验、风土人情、习俗观念等大量信息作为文化基因沉淀在方言谚语、俗语之中。这些看似零碎、朴实，实则洗练、深刻的民谚俗语，凝结着闽人在千百年来形成的经验知识、社会规矩、人生启示、朴素思辨，携带着恒久的群体记忆和广泛的思想认同，承载着悠久而璀璨的"闽人智慧"。在用来析事明理时，运用一两句经典民谚俗语，往往能够起到迅速引发共鸣、令人心领神会的效果。

　　福建省委宣传部、省委讲师团组织编写的"闽人智慧：言之有理"丛书，将那些闪耀哲理光芒、富有理论魅力、契合新时代精神的民谚俗语收集、提取出来，并进行融媒体加工，通过深入的调查研究，去粗存精、好中选优，让它们世世代代传承下去。

考虑到福建方言具有多中心的特点，丛书以全省九个设区市及平潭综合实验区作为方言代表点，编写十本分册，每本分册对当地主要方言谚语都有收集。册内篇章分信念、立场、民本、劝学、为善、辩证、方略、生态、笃行、廉洁十个篇目，便于读者使用。

著名方言专家、福建师范大学文学院原教授、博士生导师陈泽平担任丛书的策划、审订工作。在全省各地党委宣传部门、党委讲师团和各地方言专家、学者的协同努力下，编委会选定了近千条具有浓厚方言特色和时代意义的民谚条目，并进行篇目分类，组织编写注释、句意和运用。遗憾的是，陈泽平教授在完成书稿审订工作后不久因病辞世。

我们还邀请各地方言专家为所有方言条目录制慢速和正常语速两种音频，在书中每个方言条目边上配二维码，使之更加便于读者的学习使用。由于各地方言的特殊性，能读懂、读清楚这些方言的专家年纪都不小，有的专家虽然行动不便，仍坚持在录音棚里一遍遍地录音，直到录得满意的音频。书稿编辑完成后，著名语言学家、厦门大学中国语言文学系教授、博士生导师、福建省语言学会原会长李如龙和著名文史学家、福建省文史研究馆原馆长卢美松分别从方言学角度和文史学、社会学等角度对丛书给予充分肯定并向广大读者推荐本丛书。在此，我们向以上专家对本书作出的贡献表示诚挚的感谢，对作出重要贡献却未能见到本丛书面世的陈泽平教授表示深切缅怀。

相信本丛书的出版对于广大读者从方言谚语中了解当地习俗典故、传承优秀传统文化、习得"闽人智慧"和增强文化自信，都具有现实意义。

由于福建方言繁复而庞杂，即使在同一方言区里，不同县市、乡镇的方言也各有差异，囿于篇幅，书中存在的不足和疏漏之处，敬请大家批评指正。

本书编委会

2023 年 12 月

鸣　　谢

　　"闽人智慧：言之有理"丛书在编写过程中得到了各设区市党委宣传部、讲师团和平潭综合实验区党工委宣传与影视发展部的大力支持！参与本丛书编写、修改或音频录制工作的人员名单如下：

福州卷

陈日官　张启强　高迎霞　张　武　黄　晓
蔡国妹　陈则东　唐若石　许博昕　林　静

厦门卷

周长楫　刘宏宇　江　鹏　张　琰　柯雯琼

漳州卷

黄瑞土　王叶青　郭外青　蔡榕泓

泉州卷

郭丹红　郭焕昆　蔡俊彬　林达榜　吴明兴
熊小敏　王建设　蔡湘江　朱媞媞

三明卷

肖永贵　邓衍淼　邓享璋　肖平军　夏　敏
邓丽丽　陈　卓　邱泽忠　陈　丹　林生钟

莆田卷

苏志军　刘福铸　林慧轻　林　杰　林盈彬
黄　键

南平卷

肖红兵　黎　玲　黄新阳　吴传剑　黄秀权
程　玲　徐　敏　黄丽娟　祝　熹　杨家茂
林培娜　徐跃红　徐文亮　吴雪灏　陈灼英
施　洁　谢元清　郑丽娜　姜　立　谢梦婷

龙岩卷

陈汉强　杨培武　陈大富　苏志强　谢绍添

宁德卷

王春福　吴海东　罗承晋　林毓秀　林毓华
钟神滔　吴德育　陈玉新　刘文杰

平潭卷

詹立新　李积安　林贤雄　林祥鹭

特此致谢！

本书编委会

2023 年 12 月

图书在版编目（CIP）数据

闽人智慧：言之有理.宁德卷／中共福建省委宣传部，中共福建省委讲师团编.— 福州：福建人民出版社，2023.12

ISBN 978-7-211-08862-1

Ⅰ.①闽…　Ⅱ.①中…　②中…　Ⅲ.①汉语方言—俗语—汇编—宁德　Ⅳ.①H17

中国版本图书馆 CIP 数据核字（2022）第 051796 号

闽人智慧：言之有理（10 册）
MINREN ZHIHUI：YANZHI YOULI

作　　者：中共福建省委宣传部　中共福建省委讲师团
责任编辑：周跃进　李雯婷　孙　颖
美术编辑：白　玫
责任校对：林乔楠
出版发行：福建人民出版社　　　电　　话：0591-87533169（发行部）
地　　址：福州市东水路 76 号　　邮　　编：350001
网　　址：http://www.fjpph.com　电子邮箱：fjpph7211@126.com
经　　销：福建新华发行（集团）有限责任公司
装帧设计：雅昌（深圳）设计中心　冼玉梅
印　　刷：雅昌文化（集团）有限公司
地　　址：深圳市南山区深云路 19 号
电　　话：0755-86083235
开　　本：889 毫米×1194 毫米　　1/32
印　　张：37.25
字　　数：255 千字
版　　次：2023 年 12 月第 1 版　　2023 年 12 月第 1 次印刷
书　　号：ISBN 978-7-211-08862-1
定　　价：268.00 元（全 10 册）